AF428551

Confesiones de mujer

POESIA

Editorial Primigenios

Confesiones de mujer

POESIA

Yasmín Sierra Montes

1era edición, Miami, 2020

ISBN: 9798689190273

Edita: Editorial Primigenios
Miami, Florida.
Email: editorialprimigenios@yahoo.com
https://editorialprimigenios.com

Edición y maquetación: Eduardo René Casanova Ealo

Para Dayana Maria y Yasmíncita.

Para Lorena, Sofía Maria,

José Antonio y José Guillermo.

Índice

I CASANDRA

¿Por qué el Don de la palabra ambicioné?
¿Qué materia perpetúa las amarras
                    que nos atan a la vida?

Sola estoy con esta inagotable carga
            indefensa a los vértigos de la sombra.

No olvidaré ni una piedra
    ni un rostro   ni un grito...
De nada valdrá la confirmación de los hombres:
Poseo el don
                prescindo del ritual.

Cerraré los ojos para guardar este terror ardiente
aunque nadie reclame el testimonio mío.

El hambre es apertura
y la fragancia de Dios burbujea en la boca.

No sueño con el canto abierto al goce.

Adondequiera que miro

no hay juicio   no hay cetro.

¿Qué extraño augurio me sostiene aún?

II   MARIA MAGDALENA

Él levantó para ti

      ciudades de ilusión y de esparto.

Él extendió sobre tu falda

los encajes dispersos de la aurora.

La noche llora tus versos

como un holocausto de luces perennes.

La madrugada rolle el hueso de la espera

 y el viento arrastra el día que fue...

Sólo tú conoces el sentido de aquellos signos

                        trazados en la arena

cuando las sombras y la demencia

creyeron que al volver te encontrarían vencida.

Él levantó para ti templos de piedad y sosiego

y te coronó reina

y allí viviste protegida de la tormenta.

Pero él fue más allá del invierno y la primavera

    bebió sorbo a sorbo

las hieles amargas de la traición.

Y estando vacía presintió la copa llena.

Él lloró por nosotros   por ellos y por ti

    sangró como un racimo melodioso

          -lúgubre vino-

Embriagada de frío la multitud rezó una despedida

y el velo del templo escapó de sus antiguas ataduras.

Esas horas las arrastrarás por siempre

tras los incoloros días de tu existencia.

Mujer

    guarda tus licores

    y no huyas del látigo que fustiga.

Reniega de las palabras tersas

que huelen a fragancias mortales

y clava como él

en la cruz

tus alas irredentas.

CANTO III

Me entregaste las mañanas salpicadas

por la plenitud de la sangre.

    Pero yo ansiaba el amor.

Me entregaste los desolados oráculos

de la ternura, sus cuitas inmaculadas.

    Pero yo ansiaba la libertad.

Me entregaste las compuertas de la luz,

(esa rara quimera del ser)

Pero yo ansiaba la llama.

Me entregaste el cotidiano bregar

donde el tiempo y la palabra

se trasgreden…

Pero yo ansiaba el paraíso.

Me entregaste la energía vital

para olvidar tu oscuro fantasma.

Pero preferí eternizarte

en este poema que engendro

tras las errantes ascuas del atardecer.

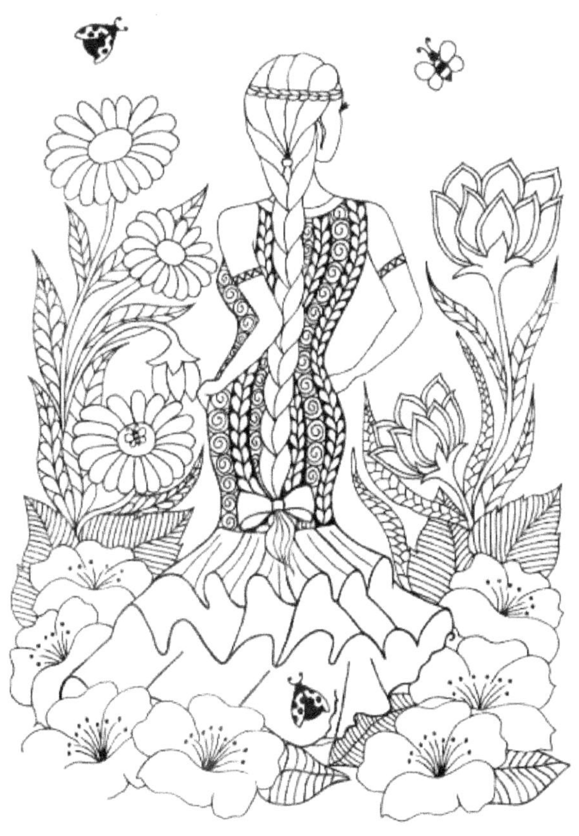

IV   CANTO DE LA ESPOSA SIN LIBERTAD

Descalza

sobre la arena de los desiertos

recibí un látigo

      y un don.

Con ellos fustigo mi carne.

Que importan ya

la estrella   el canto   los frutos de la tierra...

La primavera en mí se torna grave.

No fui la mujer de Lot

      fui potestad de mi cuerpo.

Con estas manos braceo

en la niebla de los infiernos

    otro grano de sal

    otro gesto irreverente

como ofrenda para los hombres.

     Lot: la ley de los escribas

        no me hizo semejante a ti.

     Sin amor me poseías

     y un viento infiel me despertaba.

Sólo te cegó

el paraíso común

de que hablaron tus ancestros:

        La decencia encadenada.

        Mi canto sin escuchas.

        La infranqueable puerta.

        Los aromas de la lujuria.

        La blasfemia de los indolentes.

        La desesperanza tan divina.

        La miseria tan compacta.

La estricta locura.

La quebrada luz.

Tan reina la soledad…

Por qué no permitiste

    que maldita continuara

        entre sodomitas y prostitutas?

No escuchaste mi súplica.

Tan sólo dijiste: —Sígueme,

y un augurio celeste petrificó mi cuerpo.

Tal vez

fuera otra la suerte.

Como sombra preferí la estatua.

CANTO V UNA VEZ MUERTA

No entonen canciones de alabanza

   no vistan de noche

   no resuciten mi cuerpo.

¿Quién prestará el suyo para morir por mí?

Satisfecha

   no compartiré la embriaguez del triunfo

   en que soy el espectáculo.

La estatua inerte.

Ninguno exija del festín una migaja.

No viertan sangre de roca

    en la humedad de los muertos…

Cual tierra me desmoronaré al mundo.

¿Cómo perpetuar la sed de los rostros que perduran?

(Se irán los médanos y las orgías

los surcos del lápiz

el intercambio de tus dientes con mi risa

el esparcir mi alquimia por los efluvios de tu cuerpo...)

—Nocubrasturostrodeceniza.

—Norasguesturopaenseñaldeduelo.

¿Dónde está, oh muerte, tu victoria?

¿Dónde está, oh muerte, tu aguijón?

Reiré sentada en la noche infinita de los muertos.

V   PENÉLOPE

A quién culpar de tus excesos

    si lo erigiste ángel   talismán

    guardián etéreo de las alturas

y sólo era la tierra vulnerada donde se oculta el lodo?

A quién culpar...?

    A la febril imaginación que intuye milagros.

    (Tristes afanes con los cuales sobrellevar las horas.)

Tu aguja no se hizo para cazar proezas.

    Fantásticas   delirantes aventuras

    sólo para tejer tu tedio sin límites:

                    Vulgaridades donde se quiebra toda

plegaria.

                    Argumentos infelices sobre el

supuesto naufragio.

En verdad no contabas para nada...

Tú desabitada mujer.

Personaje sin luz en la leyenda.

Imagen escondida a las infidelidades del mundo.

¿A quién culpar...?

Si indiferente asistes al derrumbamiento

de la mentira falaz con que alimentaron la historia.

CANTO VI   CARTA A MI MISMA

Yasmín,

No te justificarán ante el mundo las palabras.

Mas no podría inventar otros pretextos

sin consumir con él   las imágenes sagradas

o el refugio que edificaron para ti los dioses.

Luego de haber sentido

el homenaje tenue de los rostros cotidianos.

¿De qué puede servir el clamor lejano

de otros puertos convocándote a lo lejos...?

> *Te ofrecerán esparto*
>
> *te ofrecerán el vino que embriaga y que renueva*
>
> *te ofrecerán la roja carne...*

Tómales pero no olvides

que infinitos son los pretextos

    que nos alejan de la verdad.

Acerca tu mano a la llama que te envolverá demente.

    Consume tus días en pavorosa pena

    y aunque te ofrezcan rosas y laureles

        recordarás la afrenta

    y una y otra vez arrimarás la mano.

    No desciendas tras los surcos sinuosos.

Tuyo es el tatuaje que con sangre urdieron.

Tuyo el ardor perenne que nos dejó la llama.

Tuyos los pliegues amargos de la sombra.

Camina hacia el poniente que tiñe de ceniza y oro

    la faz de los hombres   los álamos   las rocas

      La eternidad les bordea…

Defiende la inseparable magia

    entre el ser y la figura

y entre ráfagas anónimas navega

hacía el lejano paraíso donde señorea la memoria.

VII   CONFESIÓN

No me acuso.

Dueña fui de elegir mis pasos.

Preferí solucionar laberintos

a rondar las mismas calles silenciosas.

No es fácil descifrar las huellas

que los destinos dejaron grabadas

en el código glaciar del porvenir.

La memoria fluye más allá del pasado

indiferente a antiguas confusiones:

Fue el tiempo de la flor y el fruto

de espantapájaros con rosas y lentejuelas.

Tiempo de enloquecer al corazón.

Esperé encontrar de pronto las golondrinas

pero ellas vuelan...   NO PERDONAN.

A veces. Reaparece la antigua y dorada visión

mi cordura no comercia con instantes.

El presente corre tumultuoso

  por lecho de piedra amarga.

No me dejó engañar con sortilegios.

Busco allí donde los caminos parecen sumergirse.

VIII   UN CANTO PARA JEANNETTE

Feroz disimulo sonreír

luego de contemplar las bestias

dormitar el verano.

Escondida entre flautas y escaleras

entremezclando a los búhos

cenando raíces.

Es una aventura vivir dos historias diferentes...

Eras la dueña

de los gatos y los truenos

eras la dueña...

Un día llegó la lluvia y lo redujo todo:

el eco   la verja   los gatos

   el hacha de escaldar los días.

Vas perdiendo los árboles uno a uno

         leñadora o vagabunda

            los vas perdiendo.

Sin querer has pisado la cola de algún sueño dormido.

¿No habrá un signo con que apaciguar

   las irascibles bestias de tu laberinto?

Sólo anhelan registrar el fondo más oscuro de tus arcas.

Tras sus caras satisfechas aguardan

los caminos invisibles de la nada.

Vuelve a tu rincón y bendice

a quienes te negaron

el tesoro vano de sus miserias.

IX   MARIPOSA NOCTURNA

Para Jenny que conoce los horrores de la sed.

Flor sucia que paseas tu fatiga

                en la alta noche:

Qué ángel indolente cercenó de un tajo

tus antiguas intuiciones fabulosas...?

El ojo de una estrella te mira

    inquieta y vulnerable

pero un día serás invisible

y los perros dejarán de ladrar a tu sombra.

¿Qué ángel separó en dos mitades tu existencia

y hoy haz de verte vencida

soportando día a día los horrores de la sed?

¿Dónde perdiste tu primera esencia?

Quién   como el adorno de un Dios

        puso sobre tu frente la espada

y en ella hoy convergen los prejuicios y el dolor.

Siglos siglos modelando

tu aborrecido oficio de caminos trillados.

Como una nota disonante te instalas

            en los susurros de la noche

y en tu música no existe

ni candor   ni humildad.

Como la tierra que gira en su precisa órbita   caes

        al fondo de los astros.

            Caes como un verso que precisa de alas para

volar.

            Caes sobre los sepulcros de Dios.

            Caes e incendias tu noche.

Noche súbita donde abundan las ruinas y los hombres.

Caes entre los bastos designios del bien y el mal.

X   ASONANCIAS CON MUJER

Qué importa sí el artesano
falseó la realidad de un mundo amargo.
VICTOR FOWLER

Cuerpos revestidos de la simiente a la flor

    en su laberinto absortas

    en su laberinto absortas

temen romper de otros la armonía.

Temen romper de otros la armonía.

Entregadas a la bonanza

    caminan y sueñan con platear sus cabezas

    caminan y sueñan con platear sus cabezas.

Imagina un espacio vacío.

    Heles allí. Dueñas de los platos y la cocina.

Dueñas de los platos y la cocina.

Quien lustra platos no puede hablar por sí misma.
No puede hablar por sí misma.

No verán más allá de la espuma.
Más allá de la espuma y de sus mentes quietas.

Jamás entenderán el poema.
Jamás entenderán el poema.
Repítelo muchas veces
repítelo muchas veces...

Quizás logres traspasar sus corazas
y sin querer puedan mostrarte
la realidad de un mundo amargo que desconoces.

CANTO XI   CATEDRALES DE CENIZA

Mis hijas crecen y se van al mundo.

    Desde hoy ha de cobijarles una dimensión ajena.

Ellas van hacia otros hombres

    y digo adiós con el pañuelo.

No estoy alegre ni triste

    tan sólo un desdén hondo

    va llenando los espacios

donde ayer reinaba la animosidad.

Míos fueron sus ojos

    mas no alcanzo ese mirar profundo

    desde el sitio que divide

    a la presa del señuelo.

No sé caminar a solas

cultivas con palabras

esta decencia letal.

Las palabras son puros ornamentos

cuando sufro la soledad del ser.

Y pregunto viéndoles ir

    cómo será el después

    la iniciación   el rito.

Ellas van con mirada dichosa

    y desconozco mío

    ese aliento de frutos corroídos

esa caricia que fue del oro al cieno.

Mi destino es aguardar

    la lenta muerte de las pequeñas cosas.

    Ver el polvo adosarse a los rincones

    y a las arañas construir sus catedrales de ceniza.

Blando destino el de esos seres diminutos...

Tardes de saberme ausente de otros lares

como flecha que se lanza al azar
    y se pierde entre los disparos de la maleza.

Prolongarme en otro ser:
Ser yo y no ser nada.

Se van...
        Tatuadas por la indiferencia
        y violento mi cuerpo
        hacia los apacibles recintos
        donde ayer dormitaron ellas.

Y frente a esta página olvido las escalas
Conque antes pude escapar del hambre
del horror   y la vergüenza.

Esta fronda de palabras
        es sólo un alarido.
Late mi cuerpo convocando batallas y locuras.

Si escuchara un portazo a medianoche
justo en el instante en que estoy siendo violentada

quedaría inerte.

Si escuchara un grito
una súplica   una bienvenida...
proseguiría inerte.

Nada podrá apaciguar los volcanes
        donde sus manos tienden
        el pudor y la endebles.

Hijas:(Adoquines hurtados a la ciudad de mi cuerpo)
        No escuchen mi grito de fragor y escarnio.
        Mi canto de proseguir incierta y leve.
        Marchen a donde aún serpean las auroras.

        No estoy alegre ni triste.
Sobre mis amplios recintos se recuesta la sombra.
Mi espíritu avizora el pasado.
        Era feliz. Y fue preciso no saberlo.

XII   CUANDO LOS ANGELES CANTAN

A esos muchachos perdidos a mitad de las aguas.

Cuando los ángeles cantan
  los muchachos mastican sus yerbas
  maldicen con palabras roncas
  y los corales trituran
    la levedad de sus cuerpos.

Espejismos disueltos por la marea
sus ojos ven   sus manos palpan
sienten el sabor terroso de las oscuras aguas.

¿Qué aliento de vida les devolverá su carne?

Nosotros
  consumimos los días casi sin darnos cuenta.
  Indiferentes observamos este desastre lento.

Cuando los ángeles canten

   a la orilla   en el atardecer

agitarán sus siluetas enarbolarán sus guitarras

   y vendrán sin anuncios ni clamores

a despojar a los vivos de sus cuerpos.

CANTO XIII A LA LUNA QE HE MIRADO SOLITARIA

¿Qué nos pregunta

      en su lejana estirpe...?

Con su rostro deformado por la risa.

Con sus cráteres horadados por la pena.

¿Qué nos pregunta   cercana a nuestra melancolía?

Dolida como las viejas máscaras

    infiel

como las estaciones del alma.

   ¡Ah Luna   tendido fantasma

sobre la esperanza que nos perturba!

¡Como pensamiento vertido a la luz

        que nos abraza...!

¿Qué nos preguntas...?

Testigo de oscuras soledades.

Emergiendo tenue o encendida

ante el llamado espectral de tus amantes.

XIV PARA UN AMIGO QUE FUE

a J.C. Valls

¿Dónde encontrar un sitio

    en que las palabras esculpidas

      no reboten en rostros ajenos

        y les lacen sobre ti como puñales ?

Alguna vez danzamos ligeros

sin que el mundo presagiara su silenciosa ira.

La Ciudad...

    era un cuerpo viril que nos convocaba afuera.

    Descalzos e ingenuos conversamos con la gloria

    bebimos del éxtasis con los sabios y los justos

    a la sombra de Eliseo.

Nada sobrevivió de aquellos tiempos felices

salvo la imagen fría   el gesto irónico

o la filosa música de los que un día

sacrificaron sus credos   por unas monedas

por la brevedad de un pacto.

Y la malicia cae...

   devorándose a sí

      como el silencio.

Ignoras que no hubo soles dorados para ellos.

Pero llevan cuenta de nuestras batallas perdidas.

Desde los suburbios de la discordia

            hieren.

      Sin piedad nos miran.

CANTO XV

Soy la mujer que no labra su entorno

lo ama imperfecto.

Quien no escoge las sábanas por su transparencia.

Quien cierra sus puertas

a las mujeres claras que murmuran

y ríe con los intocables.

Soy la mujer que va tras la rosa de los vientos

y defiende su blancura

de verdugos y emisarios.

Soy la mujer que entre sonrisas

destruye el último de los relámpagos

construye su templo en la roca

y no teme a la ventisca.

Quien desteje los silencios

y repulsa las cadenas más allá...

Soy la mujer que elige y toma sin pedir nada.

No te cruces conmigo.

XVI   INSTRUYAMOS AL REY

Es la máxima atracción en cualquier sitio

basta que los enanos

               inclinen su cabeza

a su paso algún Bufón encienda su mueca torcida.

¡Qué difícil instruir a un Rey

en el arte de glorificar su casa

               hacer de su porte marcial

un gesto digerible!

Desconoce de otros la indiferencia

del andar zigzagueante

               y las palabras cosidas.

Es diestro en marañas y acertijos

   en alzar su voz

mientras sus ojos

    apenas advierten tu cuerpo tendido.

Qué difícil amarlo de veras

  acariciar su cuerpo desnudo

  si de su bolsa cuelga el cuchillo y la mesada.

Su porte de cordero instruido

es solo una artimaña

(los cuidados de un reino a nadie quitan el sueño)

Retomará su pose

  no mas abofetee tu cara

y regresará a su trono.

Como un lucero encendido

    para brillar eternamente.

XVII   ÁNGELES CAIDOS

P.M.A.

Amigo:

No iremos al Bosque.

Arde lo invisible

tocado por la llama de la destrucción.

Nadie recogerá ala página inconclusa

la imagen dolida. En vano andaremos

y el canto del ave…

será un sobresalto en medio del verano.

No iremos al Bosque.

En los dechados del tiempo

la memoria nos prepara otra estocada.

Algo se quiebra y no sabemos dónde.

La mueca del silencio nos interroga

y le regalamos todo el pánico
desde unas pupilas secas.

Nos conformamos con el insomnio

 con la mentira

 con historias libidinosas.
Saboreamos el pan amasado por el diablo.

No fuimos seres de confiar:

 No miramos el amor con

insistencia.

 No aullamos codo a codo con la

risa.

 No vertimos la sangre hasta

colmar

  los surcos de la letra.

La armadura de las palabras se eleva
cual andamiaje vacío.

No iremos al bosque.
 Sus troncos pedirán por nosotros auxilios al cielo.

XVIII ¿ BUFÓN O POETA?

¿Con qué nuevas expresiones no hará reír el Bufón?

¿Qué dientes afilarán sus cuchillos?

¿Quién premiará su elocuencia en un pueblo de sordos?

¿Cuántos rasguños ocultarán sus canciones

             repetidos estribillos

             conque la vida va contando sus miserias?

¿Quién hurtó su garganta jadeante   su luz   su cobija

    su viaje al recuerdo   los antiguos juguetes ?

¿Por cuánto tiempo arrastrará su culpa?

¿Y por qué se escogió Bufón

  y no princesa   o alguacil

  o inquisidor de obras ?

¿Para qué nos cuenta sus miserias?

¿Persigue una dádiva   un favor   una moneda?

Y nosotros.

       ¿Por qué callamos?

¿Perseguimos una dádiva   un favor   unas
monedas?

¿Deseamos en secreto ser Bufón?

XIX COMO NUEVA ESTRATEGIA A LOS DESASTRES

El mundo tiembla y no hay cobijas
    no hay somníferos para sus males.
Los murmullos del infierno indican
    hacía qué parte está la vida.

Desconoces si el mañana será
    ese cuento de hadas
o un arrepentimiento compartido.
Como nueva estrategia a los desastres.

Se desordenan los tiempos allá afuera
    es el mundo que se agota
indefensa paz de lo no germinado.

Somos demasiado incrédulos
    para practicar la tolerancia

edulcorar los dones   pastorear la astucia ajena.

Con la perversidad del vigía
   continuamos nuestro juego
mordiendo el verde tiempo.

No puedo encender un candil y decir:
Está fabricada la aurora.
   El final de la falsa ha terminado.

Incesantes resucitan los fantasmas
   que el tiempo maltrato
y el alma del verano se extiende como un mantel
   sobre la tierra desolada.

Si todo fuera como esos huesos limpios
   del perro que desenterramos ayer.
   Oquedad de las preguntas sin respuesta.

Tan solo es mío
   un tenue olor de frutas recién nacidas
   este fraguar del silencio con palabras

la pulcritud con que exhibo mis miserias

la tenacidad   el miedo   lo corroído

y ellos

    ¿son acaso el poema?

XX   EL MALVADO

Tiene mucho de tigre y de paloma.

Aunque no sea más que un hombre agobiado

por el peso de su mala estrella.

¿Acaso no advierte su mediano plumaje?

¿Acaso no le rozan los colores del alba?

No existe juez más recio que el malvado

nadie como élpara mostrar la llaga.

Buscar epítetos a sus lacras.

Hay algo de virtud en su maldad.

Hay mucho de razón en sus designios.

¿Tendrá un tanto de celo su vigilia?

¿Reconoce inalcanzable lo que asedia?

XI   NOCTURNO

Este amor existe porque le dimos nombre.

Porque paseamos su sombra

        por primaveras marchitas.

Este amor existe

porque es oscuro y distante

con extensión y límites como en los mapamundis.

Porque fuimos labriegos de un mismo plantío.

Porque nos oculto el otoño

      a pesar de las ascuas.

Este amor existe porque yo lo alimento

sin creer en la fuga ni en la ciudad dormida.

Es tiniebla y no lo cruza

la tempestad o el frío

es rudo y no lo quiebra la temblorosa llama.

60

Este amor palpita con sonido lento.

Animal minúsculo que se atreve con la vida.

XXII   UN HOMBRE DESNUDO

Una mujer desnuda
MARIO BENEDETTI

Un hombre desnudo y en lo oscuro
    puede ser trigo   puede ser lumbre
    puede atenuar los abismos más salobres.
Y calcinar tu paz en sus infiernos.

Un hombre vestido y en lo claro
    es tentación   la imaginación seduce
    las manos claman   con felinos golpes
develar lo incierto.

Desnudo y en lo oscuro
    salve su luz   encienda sus placeres.
Que la simiente es fruto

y como tal estalla...

Que lo desconocido

tinieblas   luces   o acertijo

será fascinación para la muerte.

CANTO XXIII DEL POETA CANSADO DE SU SUERTE

Regresan los días sin glorias

a martirizar con su tedio

y opones la utopía

el linaje absurdo de las palabras.

Hace tiempo comenzaste a caer

por un túnel profundo que conduce a ti...

Correrías interiores

que terminan por deshacerte.

Naufragios de la madurez

    crudos

profundamente perpetrados.

La tragedia te abruma

ya todo resulta risible

¿Que importan las leídas que amenazan tu libertad?

Bajo un cielo crudo

falsificado por nubes ácidas

llora en los médanos del arroyo un pequeño.

¿Quién recogerá la música que brota

de tu comunión y su inocencia ?

La poesía no podrá aplacar el vacío de ciertos hombres.

Continúas

trasgresor sin sosiego

con tus ojos abiertos a otra dimensión.

Tuya es la noche

con sus fantasmas ligeros

ellos y tus correrías interiores

te alertan de esa otra posibilidad

de resistir   o soltar las amarras

en los cenagales del abandono.

Naufrago eterno

no te salvarán del mundo las palabras.

XXIV CUANDO SUENA LA VIGILIA

La vigilia nos proyecta

hacia nuevos rostros

inescrutables.

Y preguntó:

¿Por qué la angustia ante un gesto baldío

una ráfaga sucia vertida a nuestras espaldas?

Si justo a nuestros pies están

la música y los dones.

Si pastoreamos día a día

-con sólida paciencia-

un redil de estrellas.

La ilusión de palpar con nuestros dedos carcomidos

la eternidad que pasa y nos saluda.

A qué el mundo.

Si creemos haber vivido.

XXV   DESTINO

Amo de la vigilia el sobresalto.

Nada está por suceder:

Las palabras no regresarán a los libros.

Los deseos al ansia satisfecha.

Son las razones del tiempo enamorado.

Nuestro amor seguirá su propio desatino:

Tú: adentro y en calma.

Mi cuerpo rebotando.

CANTO XXVII CONFESIONES ANTES DE LA PARTIDA

Marchamos porque la poesía es un llamado

a hundirnos en su misterio.

Porque evadimos el silencio amenazante de los muertos.

Marchamos porque el abismo no sostiene

la esencia cardinal del ser

y no queremos agonizar ante sus apagados diamantes.

Marchamos porque fraguamos la tierra

le procuramos nombre y escribimos su historia.

Marchamos porque esta espera demanda

trocarnos en surco en cause   en señuelo.

Marchamos por malditos por traidores
  por locos   por rebeldes…

  Marcamos porque el servilismo del ladrón
no alcanza   a mancillar esa hora sagrada
en que la inspiración emerge.

  Marchamos por no querer igualar
esas anticuados figuras que a los veinte años
admiramos.

Marchamos aunque el camino no trascienda la meta
y los desechos crucifiquen la memoria.

XXVII   EL CANTAR DE RODRIGO

y las sombrías flores
del Orco nos recuerden.
ERZA POUND

Tú que entiendes la poesía

    como único pretexto   de atenuar la angustia

    que tejieron las siluetas grises de otros hombres.

Que ajeno vives a la porfía y las celebraciones

     y te inmolas en nombre de los pinos

             y el humeante friso.

Tú   que meditas callado

    mientras emerge de tus entrañas

    la imagen invisible   el verso que susurra

o el fervor con que adoras las flores que fenecen.

Tú   que has amado la fruta agria

    el sudor descolorido de los cuerpos

71

semejantes al cieno.

Que no esperas por la resurrección de los sueños
que otros cumplieron en lugar tuyo.

Fiador silente de las casitas de humo
de los niños que dejan de ser niños
cuando sus bocas se abren a la desesperanza.
Y sentado en los parques aguardas por el mañana que
no vendrá
–con la convicción del anciano tras la tormenta–

Dime:
   Ahora que la sal de los años ha calado mis huesos
   y te pienso distante   y te nombro por señas.

   Ahora en que cuento los años en conmemorativa
pereza
   y ante el paisaje mi cabeza declina
   y reparo en los estragos de la piedra milenaria.

Ahora
   cuando el clamor de antaño se apaga muy dentro

y expira el deseo

de quedarme muy quieta en mi pueblecito de auroras.

Cultiva en mi cielo

ese modo de quedar impasible ante el insano verde.

Ahora que no hay luz en los rebaños

 y la boca de los charcos ríe

 y ya nada es posible aquí.

Ahora en que cuento los días para que mi ciudad no

muera.

 Di:

 ¿Cómo encontrar el modo de anochecer

 si hemos llevado el conocimiento al corazón

 y al corazón más allá de las razones y las certezas...?

 Cómo encontrar artilugios ante el ruinoso portal

 que la víspera no duela

 y que algún Dios en la distancia nos conceda

 resucitar el aliento de las primaveras que fueron.

XXVIII NAUFRAGIOS

Como ser arraigado a la tierra

a veces soy oscura

raíz amarga que se hinca al lodo

Ansias de romper

las múltiples caras con que me ofrezco.

Mi espíritu de animal repudia y ama.

Mi cuerpo goza y fecunda.

Mis ojos petrificados intuyen cual vigía

las miradas que producen mi insomnio.

Partícula de fuego celestial

persisto al fondo de los abismos

mientras

la Ciudad me incendia con sus luces

y los ciervos trafican

con un vino que no beberé.

Si pudiera contaminarme con la blancura de esta página

voltearme como seca hojarasca.

Limpiar mi verso de ansiedad y lujuria.

Pero olfateo un porvenir utópico.

Intolerable presente.

No tengo potestad para escoger el soplo

que desdibuja los colores de la tarde

y el deseo solo me conduce

al miedo   la esterilidad   el caos.

CANTO XXX

Te espero

tras los húmedos tallos que enlozan el camino.

Te espero

bajo el abismo de esas luces milenarias.

Te espero

con voz antigua y humilde

mientras fraguo para ti novelescos adagios.

Te espero desde este confín perdido

distante páramo donde mi voz se esfuma.

Te espero en una calle

maldita y perdida en los laberintos del tiempo.

Te espero acompasada de grillos   suspirando de agua

mientras el rio y sus orillas

transcurren sobre mí.

Te espero en la placidez de mi tierra

que como hembra separa sus piernas

por el recuerdo de un hombre impalpable.

CANTO XXXII OFRENDA

Quédate tú con los versos
te regalo aquella canción salvaje
que nos sobrevivirá.

Quédate aquella canción anclada sobre ti
mi poesía revivirá la fuerza
del músculo y la libertad.

De este lado solo queda
una llama que destella son livianos parpadeos.
Donde mi voluntad no alcanza a abandonar
ese perverso gorrión que picotea mis ojos.

Quédate con las migajas…
al otro lado está el arcano de una tierra nueva
el viento de la mañana amurallado mi cara.
El trueno que robustece.

La rectitud y la lealtad no me dicen nada.

Marchó la madre   marcharon las hijas…
Marcho porque no quiero hundirme
en la infecunda tregua de la negra noche.

Su historia no es mi historia.
Aunque aquí reposen mis muertos.

Aquí se cumple la sentencia con sangre escrita.
    Seremos los únicos sobrevivientes
        si remontamos esa gris montaña que nos asecha.

Yo flagelo mi carne con filoso cuchillo
con la voluntad de trascender
mi voz y mi conciencia.

No ha de ser el hombre esclavo de su palabra.
Ha de superarla a ella.

Quédate tú con los versos.

XXIX SIMETRÍAS

Los objetos proyectan su luz

y nos creemos dueños de esos mundos inanimados.

Pensamos que nos conducirán lejos

como si el futuro no fuera orfebre

que necesita tallar.

El escritorio   el sillón   los tiestos

revientan de rutina

exigen simetrías que tu corazón no comprende.

En su torpeza

prodigan una intimidad que delimita tus horizontes.

(Cada cual precisa de amuletos

ilusión que el poseedor alimenta.)

No conocen del viento que silba

y nos trae resonancias nuevas.

En su hermetismo reducen a sombra

el movimiento perpetuo de la luz.

Ellos no sobrevivirán el misterio.

Cierra tus manos y toma el camino

nunca el hombre fue más libre que después del

naufragio

cuando llegó hasta el fondo

libre de todo en los médanos del río

                desnudo

volvió a nacer.

No ancles tu viaje

a las tibias cosas que fabrica la demencia:

el diván   los platos   tu poema

solo son un espejismo

un hilo de espuma que nunca llega al mar.

Sigue el camino de los que no volvieron

pregúntales

a los que empujaron hacia lo alto

              una piedra enorme.

Ellos vieron a la rama desaparecer del árbol.

Ansiaron la mano

         y les tendieron la garra.

Edificaron la casa   y la encontraron caída.

Ellos tocaron fondo

vieron yacer a la deriva

el mañana   el después   la anunciación

        la víspera...

las cosas que desde antiguo recibieron.

Solo entonces levitaron

entre la obstinación y el asombro.

XXX ANCESTROS

De los antepasados recuerdan
   que cruzaron el mar tras las hábitos de un barco
negrero.
   Enrarecieron el aire con el olvido de sus castañuelas.

Canjearon himnos y mujeres
   al compás fecundaron de la gaita y el tambor.
   Sangre irascible.   Hombres sin raza ni condición
   bordearon la bruma secular de los ancestros.

Fueron escribanos   sembradores y poetas
alguno cruzó el mar en busca de otras guerras.

Los hubo lunáticos   traidores   elementales
   embusteros   adivinos   buscadores de pelea.
   Oficios menudos para una región pequeña.

Profetizaban las auroras   el giro de los cometas

sabidurías lejanas que con el decursar se pierden.

Eran alegres con una tristeza brava

y una esperanza inocente.

No hay amonestaciones.

Solo hombres e historia.

XXXI

Apenas empiezas algo en ti va muriendo.

En tu libertad externa

habita el germen de la destrucción.

En el silencioso vacío de tu andar

como espectros sigilosos del pasado

crujen y se rompen

los sueños de tus noches juveniles...

Una a una irán cayendo en fatídico compás

las hojas de tu esperanza.

Verdor. Luz que en vano tratas de retener.

Culminación y éxtasis que jubilosa irrumpe.

Espuma de mar que desvanece.

Asustada revelación nos ciega.

La vigilia es solo un fraude.

No sabemos a quién velar.

Asistimos al funeral de nadie.

De la autora

Yasmín Sierra Montes

Es Licenciada en Pedagogía en la Especialidad de Literatura y Lengua Española. Pertenece a la Unión Nacional de Escritores y Artistas de Cuba y a la Unión de Historiadores.
Ha publicado: "El Libro de Ariadna", Ediciones Jácara. La Habana, 1998, "Poemas en el Verano Triste", Editorial La puerta de papel. La Habana, 1999. "Poesía Cósmica y Lírica de Yasmín Sierra Montes", FAH: México, 2000. "Antología de la Décima en La Habana", FAH, México, 2003. "Cantos de la Mujer sin nombre", Editorial Unicornio, La Habana, 2004. "Antología de la Poesía Cósmica en la Habana", FAH, México 2005. "La Memoria de los días" Editorial Unicornio, Cuentos, La Habana, 2007. "Antología Cósmica de la Poesía Femenina en Cuba", FAH, México, 2007." "El libro de Safo. México FAH. 2003. Poesía, "Los Cerezos de tu Vientre" Novela, 2014 por el Editorial Oriente. Está incluida en más de veinte Antologías de Cuba y del extranjero. "El engaño de la bruja Margarita. Novela Infantil, Editorial Montecallado, 2017. Mayabeque. Soluna, embrujos de amor y guerra, Madrid, Deslinde 2019. La Tierra Carmesí, Alemania, Just fiction 2019

Ha obtenido los Premios:" Lourdes Casal" Poesía, 1999. "Félix Pita Rodríguez", Poesía 1993. "Opera Prima", 1998, Madrid, España; "Regino Pedroso", 1998 Cuba. "Ramiro Guerra" Mayabeque, 2013. "Bienal Internacional de Poesía", Valparaíso, Chile, 1999. "Concurso 13 de Marzo" Poesía 1993. "Abril" Universidad de la Habana, 1994. "Luís Rogelio Nogueras" 1993. -"Presencia de las Culturas Indígenas en Cuba". Investigación. Embajada de Guatemala en Cuba y cubanos en la Red. 2014. Premio Concurso de Micro relatos "El Cuentero", 2014 Librería La piedra lunar.

Catálogo de títulos publicados por la Editorial Primigenios

1. *Rabota.* Narrativa de Armando Landa Vázquez
2. *A veces cuando el silencio.* Poesía de José Antonio Martínez Coronel
3. *Puertas, boleros y cenizas.* Poesía de Yuray Tolentino Hevia
4. *La corte de los lobos.* Narrativa de José Luis Riverón Rodríguez
5. *La fiesta de la reina ortografía.* Narrativa infantil de Ronel González Sánchez
6. *De picha, y señor mío.* Narrativa de José Luis Riverón Rodríguez.
7. *Dos libros de Guerra (escrito a cuatro manos).* Poesía de Félix Guerra Pulido y Félix Alexis Guerra Menéndez.
8. *Fragmentaciones de la luz.* Poesía de Luis Mariano Estrada (Lewis)
9. *Como salir de un país.* Poesía de Ricardo López
10. *Las tablillas de Diógenes.* Poesía de Eduardo René Casanova Ealo.
11. *Los sutiles vástagos: poemas dispersos.* Poesía de Milho Montenegro
12. *No despierten a las mariposas.* Narrativa infantil de Teresa Medina Rodríguez
13. *El cocinero, el sommelier, el ladrón y su (s) amante (s).* Ensayo de Frank Padrón
14. *Los independientes de color.* Poesía de Armando Landa Vázquez
15. *Los cuentos más tontos del mundo.* Narrativa de Ronel González Sánchez
16. *Las hadas calzan botas.* Poesía infantil ilustrada de Clara Lecuona Varela.

17. *Nadar entre dos aguas*. Narrativa de José Alberto Collazo Oramas

18. *Antes de amancebarme con la enana zíngara contorsionista*. Narrativa de Alberto Garrandés

19. *Revisitación al Monte Fuji*. Haikus de Armando Landa Vázquez

20. *Philosophia Naturalis Principia Poética Matemática*. Poesía de Armando Landa Vázquez

21. *Tras el telón de celuloide: Acercamiento al cine cubano*. Crítica cinematográfica de Antonio Enrique González Rojas.

22. *Una mujer es...* Poesía de Juan Francisco González-Díaz

23. *La Habana convida. Antología poética por el 500 aniversario de la ciudad* de Eduardo René Casanova Ealo y 79 poetas.

24. *Diez cuentos que estremecieron a Cuba*. Narrativa de Carlos Esquivel

25. *Pesquería lunar*. Poesía infantil ilustrada de Jorge Morales Morales.

26. *La isla preterida*. Poesía de Miladis Hernández Acosta

27. *Donde anida el colibrí*. Narrativa de Zuleica Ruíz Peix

28. *Escritos de un plumazo*. Narrativa de José Alberto Collazo

29. *Pilares extendidos: diez maneras de conocer a José Martí*. Ensayo de Daniel Céspedes Góngora

30. *Los hilos de Ariadna*. Pentalogía. Narrativa de José Antonio Martínez Coronel

31. *Siéntate y mira: Crítica, comentarios y ensayos sobre cine*. Crítica cinematográfica de Daniel Céspedes Góngora.

32. *Relaciones salvajes*. Narrativa de Frank Dimas Fuentes

33. *Pa´Cuba ni muerto*. Narrativa de Norge Sánchez

34. *En la gruta del tiempo*. Novela de Felicia Hernández Lorenzo

35. *Con un par de alas tremendas: Sonetos de vuelo popular*. Poesía de Juan Carlos García Guridi.

36. *Luz de mágica sombra*. Decimario de Yasmín Sierra Montes